JN439380

경남시인선 135

땅 심

이영자 다섯 번째 시집

도서출판 경남

시인의 말

《땅심》을 선보이며

훨훨 가볍게 둥지 옮기는 산새처럼 근래
자주 이사를 다녔습니다.
분주한 가슴에도 배 실은 노래들이 넘쳐
다섯 번째 시집을 묶습니다.
알처럼 소중하고 어쩌면 부끄러운 것을
어느 곳에서 낳을까 두루 살폈는데
여기 산청에서 알자리를 잡아 순산을 합니다.
맑은 물이 흐르는 창주다리 밑에서 방금 낳은 시집
땅심은 첫 목욕을 시키고 저는 산모로서 첫 국밥을
먹을 것입니다.
높은 산 맑은 물이 시의 이랑마다 적셔주어
낳을 때보다 한층 여물어지기를 바라면서요.

지리산 웅석봉이 바라보이는
뜰에서 이영자

2

3

4

제1부

산노래 물노래

— 산청

산보래
물 보래
저 하늘가 좀 보래
떨어진 문고리 찾아
철물점 가는데
날 데려가 붙이세요
조르는 초승달 보래
달 인심 보래

뒷 보름 나물 남새 옆에
이슬 눈 괭이 풀 추파 보래
바람 들고 흙먼지 묻은 몸
해 넘게 뛰놀아도
나 싫어 돌아앉지 않는
물인심 보래

와, 넘치는 인심 보래

땅 심

할아버지와 아버지를 가르친 선생
할머니와 어머니를 가르친 선생
대 이은 선생을 텃밭에서 만났다
자매도 형제도 그 밑에서 배웠는데
나만 때늦게 만났다

엄숙한 선생의 가르침
깊이 파면 깊이를 내주고
넓게 파면 이치를 깨닫게 한다
일등을 뽑지 않고 꼴찌를
내치지 않아 다행이다

선생의 등을 긁어
춘채씨 넣으리라 이랑지어서는
허허 헛손질로 세상시름 함께 묻었다
이런 일은 호미 대신 손등으로 덮어야 쓸까
까막까치 물고 가다 떨군 열매 터에
들 찔레 서럽게 피는 것 보면
선생은 잘 묵혀서 푸른 잎 주시겠지 새날

뒷집 가족

아무도 살지 않는 빈집인 줄 알았다
이사 온 다음다음 날까지
발자국 소리도 없고
그릇 씻는 소리도 없다
장날 저녁 간 갈치를 구워 접시에 옮기는데
빈집에서 무슨 소리가 났다
야– 저것 줘 저것 내 놔 내놔 응–
어린것의 숨넘어가듯 조르는 소리
계속 났다
설거지를 마치고
웅석봉에 걸린 별빛이 유난스러워
건조한 안구 충전시킬까
뜰에 나서는데 뒷집 가족이
우리 집 쓰레기통을 팍 엎어 놓고
뭘 찾고 있다
어린것이 저녁 내내 내 놔 내놔
보채던 것을 찾다가 들킨 눈빛
웅석봉 별 눈보다 푸렀다

심지가 타네 심장이 타네

—유등축제

각양각색 유등 빛 대낮보다 밝건만
우리는 반쪽이
절름발이 춤을 추네
노래마저 반 소절에서 목이 잠기네
등불이 알고 있어 먼저 알고 있어
운다네 탄다네
심장이 오그라드는 것 같다네
우리 몸에 새겨진 우리의 역사
사백여 년 전 진주성에서
왜적과 싸울 때 북한 형제들
같이 싸웠지 혼을 다해 싸웠지
그들의 손을 놓고 그들과 의를 끊고
조국이 찢어진 이 판국에
불빛만 요란하다
선대의 넋이 나무라신다
남북이 하나 되어
한민족 한마당에서
펴라 꾸짖으신다

엄마의 시계

막내까지 낳은 엄마가
열 달 만에 낳은 것이 또 있다
열 달 내내 곗돈 부어
맨 끝에 찾은 금시계
손목에 차고 일하면
금이 닳는다며
쌀 씻을 때 풀어놓고
빨래 할 때 풀어놓고
풀고 살다가
형편이 어려울 때마다
꺼내어 팔까 말까
애 닳고 모 닳아
차고 있는 것보다 더 닳는다

초겨울에 온 선물

그 사람이 보낸 거야
그 남자가 분명해
큰 산 가까이 짐을 풀어놓고
011847841×를 눌러
이사 통보를 할 때
새 곳 생활 외롭지 않게 조처하겠다더니
어떤 색 맘에 들까 붉은 색 노란 색
어떤 모양 맘에 들까 부채모양 새 모양
마음대로 고르라고
산중으로 가는 바람 편에 부탁했는지
우리 집 우편함 밑에 부려 놓았다
그 남자가 보낸 멋진 선물을
정 모르고 사는 이에게 보내고 싶어
책갈피갈피 재워야겠다
사람 사이 밝혀 주는 불빛은
정밖에 없다 하지 않는가

부모님 소개

—별꽃 이야기

세상은 수풀 같아 뱀이 있을지 모르니
어른들이 딛고 간 길만 밟거라
부모님은 나를 다섯 살까지
앞뒤에서 다독다독 가르치셨다

이제는 남이 밟지 않은 길을 갈 때다
스스로의 길을 열어라
열 살 드는 나를 포함하여
칠남매 손을 한꺼번에 놓으시고

하늘의 별이 되셨다

지상에다 일곱 아이 북두칠성으로
뿌려놓고 그리울 때 비추며
이야기를 한다 숨소리를 듣는다
하늘에서 빤짝하면 땅에서 빤짝하고

노인과 책

이사 때는 쩔쩔쩔
짐만 만들었구나 궁시렁 궁시렁

깊은 밤엔 마주보고 밤새며
좋은 친구 백년 친구 공자 왈 맹자 왈

산돌림*에도 아니 젖고

너무 오래 되어 못 알아볼까
이름표를 달고 나온 그대
귀밑머리 잔주름 아니면
이별하던 옛 모습 그대로네
서로 좋아 꺾어 주던 풀꽃 그대로네
우리 사이 밝혀 주던 불빛 그대로네
헤어진 반세기 동안 어찌 간수 잘하여
산돌림에도 아니 젖고 따뜻하구나
샛강 물굽이에서 황혼도 깊다 했는데
그대 만나는 오늘 창창한 스무 살 그 때일세

*산돌림 : 이리저리 돌아다니며 오는 소나기.

고양이를 키우는 며느리

밥이 설익었네 생선 없인 안 넘어가네
갸르릉 대는 고양이를 먹인다 며느리가

구석구석 흰털 머리털 굴러다니는 건
내 것 아니노라 시침 떼고 별난 깔끔
부리는 밉상을 씻긴다 며느리가

쥐 사냥을 했었나 입술 붉게 들어온 날
피곤해 졸려죽겠어 잠꼬대 같은 잔소리
재운다 며느리가

소리 없이 드나드는 것 같으나
발자국도 신경 쓰이는 짐승 한 마리
키운다 며느리가

평화의 샘 별자리

—사돈 칠순 축하드리며

만물의 힘이 저장된 세월
무게만큼 찬란히 날이 밝습니다
오래 전 우리 두 집안
하나 되는 사랑나무로 인연 맺었지요
연리지 오 축복받은 연리지
들풀 스치는 한 자락 바람결에도
안부 묻고 축원을 매달았지요 그 나무에
풋머리 팔월에 갈무리할 돔부콩 생각이며
새벽잠 설 들게 하는 과목의 가지치기도
잠시 미루고 오늘은 축배를 듭시다
구슬로 엮으면 한바다를 이룰
보람의 땀 보란 듯 슬하에 그득한 영재
오늘따라 빛납니다
사돈이여 벗님이여 어제의 사랑나무
내일의 우주나무로 뻗는 신화가 오늘입니다
밤하늘에도 없는 평화의 샘 별자리를
희망하여 오늘의 이 기쁜 날을
축하합니다

큰오빠의 비염증세

좋아하는 추자 젓 익었다고 풋고추 곁들인 별미
기별 보내도 오지 않고
네가 시장바닥에 밥집을 벌여 왜 왜 하며
종형의 난전에서 젓국 같은 눈물 막소주에 섞어
마시고 갔다 한다 콧물이 심한 것은 비염 때문이라며

북마산 석전삼거리에 식육점을 차렸을 때도
저울질이 서툰 동생 보고 콧물을 심하게
훌쩍거렸다
비염 증세가 도졌다면서

시대의 바퀴를 조선시대로 돌려놓은 시선에서
나는 큰오빠의 비염을 계속 재발시키는
바닥 삶이다

누가 주인이라고?

—박새

집터를 다진다
서까래 올린다
힘들 때에는 제 몸에 흙 묻을까 물 묻을까
피해피해 다니더니
도배까지 마치고 현관문 닫으려는데
쟤들 보게
어느 틈에 들앉아 살았는가
뻔뻔스러워
주인으로서 따지려는데
—누가 주인이고 누가 주인이고
먼저 차지하면 주인이지—
언제 깠는지 조무래기 오남매까지
합창을 해 댄다
종자용으로 아껴놓은 서숙이삭
몽땅 까먹은 노란 주둥이로

영양크림

닥닥 긁은 깨소금 단지
바닥나도 나 몰라라
참깨 값 배가 넘는 영양크림을 샀다
양념 통 지날 때는 주머니에 감추고
양 볼에 떡칠하며 주문을 외웠다
주근깨 사라져라 백합 같아라
검버섯 사라져라 장미 같아라
몇 날 몇 밤 지났는데
주근깨 살아있고 검버섯도 싱싱해
깨소금 없는 나물 무치며 이 일을 어쩌노
주근깨 나와라 널 털어 넣으련다
검버섯 나와라 널 찧어 넣으련다
요란 수다 다 떨어도 나물 맛 맹 맛

손자와 알밤

밤나무 아래 어인 성게가 고슴도치가
아버지요 어머니요 어서 와 이것 보이소
나는 애송이 밤송이를 몰라 봤네
머리가 밤톨같이 여문 뒤에도
껍질 못 벗겨 못 먹었네
아궁이에 묻으면 구들장이 삼키고
쇠죽솥에 삶으면 어미 소가 챙겼어
세상길 굽이에서 모서리 닳으니
나 성공 했네 성공 했어
버늬까지 반듯 깎아 차례 상 차린
솜씨 보게 어른 틈에
제주 잔 받드는 손자 거동 보게

제2부

고향도 틀니를

석류 알 같은 잇속 환하게 웃으며
나 왔어요 소리치면서
맞받아 안기고 싶던 곳
어느새 지는 해 동무 되어
틀니 물고 들어서니
아 고향도 틀니를 하였구나
점례 집! 어금니 같던 언니 집도
사랑니 앓으며 드나들던 희자네도
떠나 움푹움푹
젖니 뽑아 용마루에 던지면
기다린 듯 산 까치 채가던
대문니 자리 내 집터 찻길 되어 누웠네
마을 앞 엎드린 농공단지 등딱지가
아래 위 틀니로 버티는 것가
사람들 문전옥답 대신
틀니로 밥을 먹는구나
고향도 틀니로 나를 맞는구나

임아, 절 받으소서

—함안초등 100주년 기념축시

가치를 키워주는 근원의 뿌리요
밑둥이며 중심인 그대
든든한 팔뚝 힘 내 핏줄에 흘러 행복합니다
분별없고 철없던 유년을
한결같이 안아 키워 세상에 내보내셨지요
겨레의 초석 되라 믿고 기다리셨지요
삶이란 정이요 한이라 했던가요
긴 방랑의 두려움 씻고
돌아와 옛 품에 안기니
난초 뜰 햇살인 양 설렙니다
천년만년 빛나소서 우리의 모교여
그대가 다듬은 단발머리 소녀
그립다 노래 엮다 백발 되어 왔습니다
서러운 나그네 등에 해가 되고 별인 님이여
이 몸과 마음에 신록의 사랑 물들여
큰절 올립니다 자랑스런 모교여
길이 빛나소서

흑백라면의 슬픈 연가

나는 칠남매 중 끝에서 두 번째
하늘 땅 겨우 분별할 즈음
흰 돌검은 돌로 오빠들은
바둑판 위에 게임도 하고
동생에겐 통일노래를 가르쳤다
부르다가 잊은 소절 묻고 싶은 때에
작은 오빠가 잡혀갔다
오지랖 온통 풋감 물 일색인 나는
빨강 물들었다고 잡혀가는 오빠가
곧 돌아오리라 믿었다
빠안한 읍내 가는 길보다
컴컴한 뒷산 밤나무 고목에 올라 있다가
어둠살 깔리면 샛별같이
돌아올 것이라 기다렸다
오지도 않는 오빠를 내 놓으라
관가에 끌려가 다그침 받던
큰오빠마저 세상 사람이 아니다
그날이 예순 해도 더 됐는가 쉰아홉 해 전인가
세어보는 아슴한 흑백모발의 계산법
오빠들이 아끼던 바둑돌 색 영판이라

슬픈 세월의 가닥을 풀기에는
얼레빗으로 엄두를 낼 수 없어
상념의 꼬리 드리운 채 미용실을 찾는다
—어떻게 해 드릴까요—
묻는 아가씨 붉은 입술 색깔에
오빠 생각 또 덮쳐서
색은 살리고 파마만 하라 디밀었더니
흑을 살렸다 백을 죽였다
한참 지지고 볶은 아가씨는
대형마트에도 없는 흑백라면을
내 머리에 씌워 놨다

높은 곳의 글벗

—고 이선관 시인 1주기 추모

용하게 천장까지 닿았구나
서로 눕고 엎어져 책 병풍 이룬 듯하고 그 방에
해거름 햇살 한 점 남았을 때 나를 데려다 앉히고는
손님 대접 한다는 한마디
내 방에 홀아비 냄새 나나요 누나—
안나 참 깨끗한 대—
그렇지요 다른 여자도 안 난다 그러기는 하대요—
그런데 와 나한데 또 묻노—
그 여자는 젊고 누나는 아니잖아요—
이 사람 실없기는 여전해—
먹을 것도 없는 방에서 골목 방에서
둘의 질긴 웃음소리에
사방 벽 책들만 무너질 듯 요동쳤지
큰길이나 좁은 길이나 노여움은 발길에
채이도록 숱하지만 들어와 앉으면
모든 것이 가라앉던 안식처
그대만의 정신 그대만의 문장으로
곧은 노래 외치던 사람아
울림이 남다르던 목소리 듣고 싶소
세상에 깔린 구차스러움 떼어 던지고

휘청휘청 높은 세상 간 아우여
그 나날들이 소중해
질정 없는 겨울바람 함께
추레한 목소리로 불러 본다오

비리(배추벌레) 없는 돈벼락

꿈에도 상상 못한 돈벼락 맞다
날 새벽 현실로 현관에 들이닥친 횡재
다발도 아닌 포대포대 돈 포대
사돈은 수년을 베란다까지 금고로 채웠다
혹시 비리!?
퍼주고 손 터는 뒤에서 물을 때
절대! 그런 것 없다고 머리 흔드는 것을
봐도 눈감고 삼켜도 뒤탈 없으리라
욕조에서 염주같이 천일염 굴려가며
푸른 푸른 그들의 숨을 죽인다
내 숨도 고르며

국립 삼일오 묘역

여리고 푸러 더 애절한 넋아
독재의 총칼에 이슬지듯 가신님아
이 터에 뿌린 피 식을 수 없고
붉은 흙 변할 수 없노라 던
경자년 삼월 보름 그날에 핀 꽃
오늘도 피고 지는데
이름이사 민주화 성지라 떨치건만
세상은 아직 마산은 아직
입방아뿐이오
사람들 하는 일이 한해살이
꽃보다 의미가 없소
궁핍한 정치꾼이 필요할 때만 와서
발자국 찍고 사진 찍고 그뿐이요
그대들 누운 위쪽 바위에 자꾸
눈길이 가오
그대들 뜻을 잊는 자에게
여차하면 던지겠다고 옮겨 놓은 뜻
같아서요

희망을 실천하는 봉사자

— 전병환 문집에

시간에 쫓기면 시간의 노예가 되고
돈에 쫓기면 돈의 노예가 된다는
철학 푯대 끝에 높이 달고
선조들이 노고로 이룬 땅을 다지려
태어난 출중한 봉사자
등대로 민중 앞에 우뚝하네
바다의 뱃길 인도하듯이
성자께서 받은 은혜 베풀며
이웃의 아픔도 내 것인 양 보듬고
문중 일 등짐 무겁다 내리지 않는 머슴
복지건설 착한 일군 일원이 되어
공명은 바라지 않고 숨은 공로 크구나
오늘도 거친 길 먼 길 달린다

풍상이 그어 준 훈장

동갑내기와 버스를 탔는데
둘을 번갈아 보던 학생이
내게 자리를 내 준다
친구보다 바랜 머리카락 때문인가
긁적이다가
장날 달려가 꽃 모자를 샀다
목욕탕에서도 주름골마다
비누거품으로 가렸는데
옆 사람이 등 밀어주며
계속 할머니 할머니 하고 불러댄다
무엇으로 가리랴
풍상이 그어 준 훈장인 것을

나무들은 말한다

—고 이선관 시인 유고시집 출간 때

밥집에서 밥 짓고 시 짓는 아낙을
글밭으로 불러 낸 아우였다 그는
천연스럽게 연인이라 이름 하는
엉뚱한 남자였다 그가
뭐라 해도 괜찮지만 우리는
정답고 만만한 글벗이었다
글벗이 천국 가며 연인도
아우도 데려갔기에
셋을 잃은 빈자리 남다르다
어느 날처럼
시장골목 바람 지고 서서 누나!
하는 것 같아 환청인가 했는데
그를 보낸 사람들의 걸음소리였다
시인은 세상에 나무들을 심어놓고 가며
나무에게 하고 싶은 말을 주고 간 것일까
'나무들은 말한다' 우리들과 같이
고 이선관 시인은 우리 곁에 늘 있다

쑥부쟁이 편지

세상에서 가장 예쁜 편지지가 있냐고 물었습니다
생긋이 웃는 문구점 새댁
각종 색을 쥘부채 모양 폈습니다
그 중에 맘에 드는 색을 골라
먼 곳의 시인에게 가을인사를 띄우고
오다가 들길에서 쑥부쟁이를 만나니
서러운 듯 반가운 듯 모를 눈짓이
다시 편지를 보내고 싶습니다
남은 편지지를 찾아도 없습니다
끼고 사는 건망증 생각은 않고
손자를 의심합니다
만화를 그렸을까 딱지를 접었을까
의심하며 숨겨놓고 내가 못 찾습니다
그 틈에 준비한 사연 사방으로 흩어지고
움켜 쥔 쑥부쟁이 쑥스러움만 담아
받으실 임이 간추리게 드립니다

고향 생각

— 삼풍대*에서

사람들이 자연을 찾아 모이던 곳
청정한 고목의 숲이며 넓은 땅 반 너머를
도시를 지어라 떼어주고
이끼 묻은 효열비 몇 기가
이삿짐처럼 뭉뚱그려 놓였는데
왜 고향을 보는 것 같을까
쓸쓸하게 서성이다가 공원의 허리춤을
솔기 따라 뒤진다
지나가던 사람이 이 잡소? 묻다가
가버리고 또 지나가던 사람이
금 캐시우? 묻다가 가고
이 잡듯이 금 캐듯이 공들인
네잎클로버
밤마다 그리움으로 갉아
털벌레 되어 숨기도 하던 고향의
포구나무에 바치련다
잎 새는 나를 닮아
지름길 달려 고향에 갈 것이다

*삼풍대 : 마산 삼계에 위치함.

견물생심

세 개씩 세 개씩 배추씨앗 심으며
땅아 너 하나 먹고
벌레야 너 하나 먹고
나도 하나만 먹을게
심을 때의 마음은 이랬다
세 잎씩 네 잎씩 잘 자란 배추
나누기도 먹기도 좋게 자랐는데
에라이 벌레 네가 먼저 먹다니
두 눈에 쌍심지를 돋우고
저 자 끌어내라 잡아내라
셋 다 모두 내가 먹겠다

낙동강

세상의 중심인 듯 한켠이듯
질펀하게 몸 풀어 놓고
거친 숨 내쉬는 구부러진 길목까지
찾아가는 젖줄
거기 내 할머니 계시네 무릉할머니

밤 물색 치마의 이야기꾼 할머니로
겨울 밤 이야기는 재미있다가 무섭다가
이불 같은 치마폭 우리들이
무섬증에 사방에서 당겨
할머니의 목 주름살 더 늘었겠지

새 세상 맞는 어린 것들에게
좋은 일만 많아라 빌으시던
할머니의 새벽물이 흐르네
아픔도 상처도 할머니가 걸러내면
가라앉아 말간 아침처럼
수면에 차린 것 저기 있네

평화는 마음이 만들어요

사람 눈 밝으면 얼마나 밝다고
남의 속 모르면서 남의 흉보나요
그 정도 허물은 내가 더 가졌지
사람 귀 밝으면 얼마나 밝다고
들은 대로 옮기면 싸움이 생겨요
눈으로 본 것 마음에 모으고
귀로 들은 말 생각주머니에 모으면
우리 가슴 한마당 어울 마당
어울 마당 모여서 즐겁게 타작하면
왕겨와 알곡식은 절로 나오네요
가리지 않아도 밝은 평화 오지요
눈과 귀로 들어온 것 마음에서 삭혀요

시어미 값

머느리 바지 길이에
시어미 눈 꼬리 올라간다
속옷 길이보다 짧다니
종아리 정도는 봐주겠는데 허벅지는
덮여야지 혀만 찬다
긴 장마 햇살은 자투리
이 빨래를 언제 다 말리누
눅눅한 걱정 곰팡이로 눌어붙는데
몽당바지 보고 웃는다
빨래대 자리 적게 차지하는
며느리 바지
그 바지 보고
시어미 눈 꼬리 내려놓기는 처음이다

제3부

꽃을 죽인 자만

시화전시회가 있는 회관 앞에
화분마다 황국이 소담하다
고봉 꽃 밥 뜸도 잘든 고봉 꽃 밥
퍼먹고 싶은 식탐이 발동하여
입을 가까이 코를 가까이
삼매경에 들었는데 언제 왔는지
꽃과 더 가까이 서 보세요 하며
사진기를 든 사나이가 재촉한다
내가 아름답게 보이나 보다 착각 함께
가까이 가면 꽃이 죽소 했더니
누가 죽든지 두고 보입시더 찰칵 찰칵-
그날 후로 황국이 죽었는지
내가 죽은 줄 아는지 노 사진사는
사진을 보내주지 않는다 오늘까지

욕지도에서 쓴 반성문

어디서 왔냐고 물어
연락처를 말하려는데
듣지도 않고 화를 내며
잔돌까지 싹 쓸어 가버린다
다시 와 무엇 하러 왔냐고 물어
보고 싶어서 라고
하려는데 웃지도 않고
잔돌까지 싹 쓸어 가버린다
그가 내 발 밑에
열두 번 달려들었던 것은
보고 싶은 것도 아니고
궁금한 것도 아니고
물을 오염시킨 죄를 꾸짖던 것을
잠자리에 들고 알았다

내가 까마귀 고기를 먹은 거야

나 어릴 적 어른들이
—니가 까마귀 고기를 먹은 것 같다
그렇게 잊음이 헐해서야—
하시더니 정말이다
내가 까마귀 고기를 먹은 거야
왼손에 쥔 돋보기 찾아
안방으로 주방으로
애써 가린 매운 파는
먹을 것 버릴 것 뒤섞어 버리고
특히 부모님 제우를
수첩에 적어 놓지 않으면
가물가물하니
내가 까마귀 고기를 먹은 거야
산위 구름을 표적으로
먹이를 숨겼다가 구름이 흩어지니
못 찾고 마는 산기슭의
까마귀 고기를 먹은 거야

말더듬이 되는 날

손자의 영어 선생이 오면
숙제 안한 손자보다
내가 말을 더듬는다
우리글 우리말 할 줄 안다고
영어공부 등한시한 게으름 후회하며
앞자리의 키 큰 신자 때문에
제대 앞의 신부님 제대로 못 보면
나는 말을 더듬는다
참깨 들깨 기름 좋아하고
버터 마가린 싫어한 편식으로
키 작은 것 후회하며
말을 더듬는다
다음 세상에 태어나서는
이 둘을 고치고 싶다

틀니 때문에 생긴 걱정

피붙이 살붙이도 아닌데
고맙기가 골육간이나 다름없다
의사가 미니 방(틀니 보관 통)을
챙겨 주며 잠잘 때 따로 자라고
시켰는데 딸네 네에 나들이 가며
그 방을 챙기지 않아 그냥
욕실의 유리컵에 재웠더니
한밤에 딸의 비명이 심상찮다
소태같이 쓴 맛으로 악다물고 있는
낯선 엄마를 다 본 것이다
평소처럼 인자한 미소 지어도
딸이 믿을까

치매에는 버짐 꽃이 없다

우리 꽃보다 낯선 나라꽃이 많은 꽃밭을 지나
노인정에 가서
버짐 꽃 아세요 물었더니
그 기 무슨 꽃이더라
풋보리 팰 때 피는 그것이재
하는 분도 있고
늦보리 팰 때 피던데
하는 분도 있고
우리 아이들 정수리에
사철 내내 피던데
하던 분도 있는데
그 기 무슨 꽃이고 버섯 말이가 버섯— 하는
치매 걸린 분도 있는데
내놔 봐라 묵자 하며
벌떡 일어나려 하는 중증치매 환자는
버짐 꽃을 잊은 지 오래다

성모님께 드리는 편지

사막에 솟는 샘이런가
목마른 자의 우물이신 성모님 찬미 받으소서
앞들과 뒷산이 모두 푸른 오월에
여왕으로 오신 어머니께 기쁜 소리 돋우어
찬미가를 올립니다
어머니 계시기에 저희들 헤매지 않고
어머니 계시기에 저희들 실망하지 않고
겁날 일 없는 나날 좋은 날입니다
지극히 아름다우시고 인자하신 동정 마리아
기쁨 중에 시련 중에 부르짖는 이름 우리 어머니
겸손과 순명의 모범으로 오시어
저희를 하나같이 아버지께로 인도하시니
참으로 감사하나이다
주님을 따르리라 어머니께 간청하는 이는 누구나
아버지 나라에서 영원히 살리라 믿기에 행복하나이다
개인의 발전과 욕망에 눈이 어두워
매달리고 애원하면서 주신 은혜 보답 못다 함을
오늘같이 기쁜 날 뉘우치며 슬피 우나이다
인생행로에 노도와 풍랑 만나면 어머니를 부르짖고
허영과 분심이 일 때도 어머니 찾아 바른 길 묻나이다

하늘의 여왕이시며 만민중의 어머니시여
언제나 저희 믿음에 성장을 주시고
기도로 낙원을 미리 맛보게 하시니 고맙습니다
눈물 없고 분열 없는 행복한 본향에 들게 손잡아 주소서
잘못 많은 저희 오늘같이 티 없는 마음으로
주님 나라에 닿게 이끌어 주소서
영원하시고 거룩하신 주님의 어머니시고 저희들의
어머니이신 마리아 길이길이 찬미 받으소서
아멘!

기 도

작은 빗방울 하나가 쉬임 없이 흐름으로
메마른 풀잎까지 적시길 원하네
갈라진 마음 벽 허물고 싱그런 강물로 하나 되어
풍성한 사랑바다 이루길 원하네
참다운 사랑의 꽃 가을 노동으로 영글어
농부의 기쁜 노래로 거두길 원하네

작은 불씨 하나가 타오르는 믿음 되어
작고 메마른 가슴마다 태우길 원하네
가슴 벽 피멍도 녹이고 평화의 불씨 하나 되어
영원한 행복의 나라 세우길 원하네
뜨거운 믿음 쌓이면 가을 보람도 익어
농부가 기쁜 노래로 거두길 원하네

오래된 시작

—구 테오도라 수녀님 작곡발표회 날

찬바람 딛고 선 마음의 속 뜰에
이슬 맞은 옥잠화 비녀 벙그듯
수줍게 핀 노래
사람아 뭇 생명아 기뻐하며 노래하세
주님의 신앙생명 은혜 입어
황혼의 갈무리 어찌 이리 고운고
사람이라 스미는 슬픔과 외로움
수녀로서의 아픔과 기쁨마저
수도 소임에 충실한 딸이라
곱기도 곱고 든든하여라
구명림 수녀님이 작곡한 노래가
따뜻한 손길처럼 어루만지고 안수하는
사람에게 마다 비오니 천상 기쁨과
치유 성화의 은총 되게 하소서
더하여 영성과 성덕을 바탕 하는
믿음 되게 하소서
은혜로이 열린 이 자리에 부족함도
임이 채워주시고 들뜬 허물 보이시면
언제나 그러하셨듯이 임이 다독거려 주소서
주님 당신만을 믿습니다
아—멘!

밥집 찾던 주님 심부름꾼

큰솥 가득 밥 지어놓고
누룽지 될까 찬밥 될까 조마거릴 때
손님 발길 뜸하고 통술만 제풀에 익을 때
주모 마음 아는 듯
스님과 동행하여 산중과 들 중이라
우스개 하셨지요

삶이 팍팍할 때 눈에 띄게 매달리며
발등 불 끄고 나선 바쁜 예수님을
설거지통 옆에 세워놓고 기도를 하는 것인지
일을 하는 것인지 모르겠다고
나무라셨지요

여러 가지 부족함을 앞치마 밥풀 떼어주듯
가만가만 찾아 깨워 주던 고마움
편지로 인사하면
신부님은 주님의 심부름이었다 하시겠지요

아쉬운 축일잔치

—정바오로 신부님께

신부님 축일을 축하드립니다
주일날에 미리 본당 신자들이
소리 맞추어 성가 부르며 축일행사를 했지만
정녕 당일에 서운할 것 같아서
네잎클로버를 말렸습니다
마른 것이지만
하나는 고봉밥
하나는 미역국
하나는 조기구이
하나는 수수떡입니다
바짝 마른 것에 기도를 드리니
그득한 생일상 되네요
당겨서 한 잔치보다
기억이 오래 오래 되기를
바랍니다

외진 곳 머무는 예수처럼

— 차 파스칼 신부님 축일에

파스칼 신부님
봄이 익어 가면 신부님의 축일이 가깝지요
그래서 연사흘을 풀밭에서 헤맵니다
꽃 대궁이 송송한 밭두렁을 걸으니
푸른 풀 모두 선물로 드리고 싶은 초록천지
그 중에도 행운이라는 이름 때문에
네일 크로버를 찾으려 바쁩니다
풍성함을 비껴 앉은 외진 자리에서
어린 예수 모습인 이 잎을 찾아
영명축일에 알맞게 도착하도록
고이 싸서 보냅니다

보름달밤에 저를 낳아

어머니 저를 낳아 배냇저고리 입힐 때
옷섶에다 기도 말씀 넣어주셨네요
불꽃씨 함께 묻어 주셨네요
바람 앞에 여며라 잿불같이 다독여라
매듭매듭 묶어 노리개 달아 주셨네요
바람 불고 비 오는 날보다 맑은 날이 많아서
캄캄한 밤보다 밝은 날이 길어서
당신의 딸 언제나 보름달밤처럼
환하게 환하게 삽니다

순교자의 혈서

—윤봉문 요셉

병인박해 거센 뒷 바람에 고향을 등지고
산 넘어 물 건너 떠돌이 나섰네
교리문답 붓대롱에 감추고 필묵장사로
어둠 덮인 진목정에 복음을 심고
섬마다 신앙의 씨 전파한 사도여 섬의 사도
공식적 박해 아닌 사사로운 탄압의 희생제물 되어
칡넝쿨에 육신 묶여 끌려가면서
뭉개진 살과 피로 손가락 깨물어 혈서 쓰셨네
부모처자 변하여도 천주 믿는 마음 변치 말자고
핏물로 십자 성호 그으며
용맹한 승리의 길 택했네
이 땅에 순교의 꽃 피우고 하느님 나라에 든 사도여
후손들 지키며 따르리라
옥포 앞산 주막 골에서 빛나게 들리는 임의 목소리

제4부

황혼이사

무거운 발길 자꾸 뒤돌아 보이네
허연 머리 푸석한 이삿짐 이고
낯선 길목 아픈 허리만큼 굽어 도네
뉘 불러 길 물을까
어느 입에 말 붙일가
아는 사람 하나 없고
돌아갈려도 너무 멀리 왔는데
딸아 어디를 그리 헤매느냐
높은 데서 들리는 아버지 목소리
세상에서 어쩔 수 없는 외롭고 외로운 슬픔
우리 주 손길 펴시어 날 이끄시네
저문 길 밝히며 이리 오라 이끄시네

어미는 혼자가 아니란다

작은 집 좁은 거실로 여름이 성큼 들어설 때
천 소파 치우고 대자리를 폈더니
큰애가 들어서며
어머니 어떻게 혼자서—
놀라며 물었어요
아니란다 예수님이 마주 들어 주셨단다—
어미의 힘이 어디에서 나는지
큰애가 금방 알아차렸습니다
밥집 일에 몸이 묶여
훈련 중인 막내 면회를 못 갔더니
서운함이 묻은 편지가 왔어요
낳아 준 어머니를 알고 싶다고
그래 어미는 너를 받아 젖만 물렸지
진정한 어머니는 성모님이다
전선의 고지에서도 너를 지켜주시는
그 후로 막내는 생모 운운하지 않습니다

자꾸자꾸 해도 좋은 것

엄마 해바라기가 봉오리 해바라기를 데리고
언덕에 올라 보슬비를 맞는다
헤헤 간지러워 봉오리는 자꾸 자꾸 웃고
엄마는 자꾸자꾸 고개를 숙인다
봉오리가 궁금해 엄마에게 묻는다
엄마, 누구나 받아먹는 빈데
왜 엄마는 절을 하며 받아요
아가야 하늘에서 양식을 주시니
고마워서 그래 자꾸 자꾸 고마워서
손자와 할머니 장바구니 흔들며 시장 간다
이 사람 저 사람 인사 건네는 할머니 보고
손자가 묻는다 머리도 까맣고 허리도 꼿꼿한
아저씨에게 왜 할머니가 먼저 인사하세요
무거운 짐 진 자에겐 먼저 본 사람이 먼저
하는 법이란다 먼저 하여 힘을 보태주거든

우리 집 감시원

스쳐가듯 둘러봐도
어떤 반찬 잘 먹나
밥풀 흘리지 않나
엄한 눈 두레상 살피시고

청소하러 들른 듯
손자 방문 열고
게임하나 공부하나
번개같이 살피시고

또래들 놀러오면
잘 생겼네 여무네
손자보다 많이 많이
등을 두드려 주시고

명주실

아침마다 내 머리를 빗질 하신다
장래 희망사항인 로봇박사 꿈에
마구 헝클어진 새집을
어디 보자 요놈의 지붕 새집이 몇 채 인고
할머니 전용 빗 따갑다
도망치는 손자 덜미
새 노래가 붙잡았다
앞머리 빗기며 참새 집 찾았다 참새 알 보인다
서까래 밑에 제비집이 있다 새끼들도 보인다
뒷머리 빗기며 부엉이 집 털자 까치집 털자
알 나오면 알 까먹자 안 나오면 내일 온다이
새집 허무는 노래 빗질 함께 그치고
윤기 잘잘 앞머리 거울에 비추어 보는데

어, 그 곳에 박힌 명주실 한 올

국밥과 주류일체

아들 딸 가진 부모 입장에
다른 사람이 재는 주류일체 집 아이들이다
재도 재도 하는 것보다
국밥집 아이들이다 라는 말이 좋은 배경 같아서
쇠고기 국밥은 큰 글자로 문 앞에 붙이고
주류일체는 작은 글자로 안벽에 붙였다
장사 끝나면
주류일체 처리는 어른이 하고
국밥만 아이들이 비웠으니
내 아이들은 주류일체와 아무 관계없다고
둘러 댈 말까지 준비했는데
허, 그 틈에 숨어든 허리 병 무릎 탈
문 앞에 붙인 것 때문인지
안벽에 붙인 것 때문인지
보탤 말도 뭉갤 말도 찾지 못하고
파스 조각만 대놓고 갖다 붙인다

동생네의 부활

나 죽겠소 누님
왜 어디가 어떻게 아프냐
의사처럼 내가 물었다
어디도 어떻게도 아니고
집사람이 교회 나가자 졸라서
못 살겠소
따라 가거라 버티지 말고
엄마처럼 나직나직 말했다

나 죽겠어요 형님
며칠 후 올케가 전화를 했다
너는 왜 어디가 어떻게 아프냐
애들 아빠가 교회는 안 나가고
술만 마셔 대서 못 살겠어요
기다려라 생각을 바꾸겠지
엄마처럼 다독이고 고민 중인데

후에 들으니 그 집의 아우성 모두
부활하는 소리였다

젊음은 인생의 꽃자리

며늘아기가 노동자 사무실에서
바닥을 쓸거나
한의원에서 약탕기를 부시거나
퇴근하여 들어서면
가족은 행복한 꽃자리에 앉는다
우는 아이 돌보는 어린이집에서
퇴근길에 사 온 고등어 한 마리가
저녁상을 또 꽃자리로 만든다
젊음이 있는 집은 향기 있는 꽃자리
이래서 예전에 어머님이 일이 늦은
며느리를 몹시 기다리셨구나

물새만 물가에서 운답니까

귀하다면 고추가 더 귀하고 대우받던 시절인데
일곱 틈에 톨로 섞인 가시네라—양념 딸 고명 딸
귀한 사랑 받던 날 있었지요—공주처럼
너 커서 어디로 시집 갈래—서울로요
그렇게 멀리 너무 멀어—비행기 타면 금방 가요
서울은 멀다고 너무 멀다고—펄쩍 뛰시더니
나 자라기 전에—더 멀리 가시면서 왜 그리 뛰셨어요
나 네 집에 가면 무엇 잡아 줄래—닭, 개, 돼지, 소
만만한 집짐승 이름 대다대다 바닥 나—아참 들고양이
고양이까지 잡겠다는 가시네 약속 짓뭉개셨지요
아이재롱 중지 못해 일터에는 지각 예사로 하면서
만리 가는 그 길은 왜 서두르셨어요
매운 슬픔 추스르기 전에
일곱 아이 둥지 지키는 어머니 자리를
눈물냄새 절절한 할머니께 떠맡기고
왜 불러 가셨나요
흐르는 세월 살 같아
울음소리 들킬세라 물가에서 울던 가시네
그 가시네 머리에 백발이고 철없던 그때 짓 못하여
두분 계신 영혼의 본가 쪽에 대고
물새만 물가에서 울지 않는다고 소리 질러 봅니다

찔레 순 맛

어서 가자 어서 가자 날 저물라
무슨 일일까
황급하게 어머니는 막내를 업고
내 더딘 걸음 재촉하며
어서 가자 날 저물라
산모롱이 돌면 엿장수 올 거야
엿 사줄게 어서 가자
산모롱이 또 돌고 재넘이에 닿았는데
엿장수 영영 오지 않고
찔레 숲만 우거져 찔레 숲만 우거져
가시 속에서 꺾어 주던 쌉쏘름한 단맛
어머니와 같이 간 외갓집 마지막 길에

버리려 했는데 신호등이 챙겨주다

새카맣고 철없던 생각은
내놓으면 부끄럽게 길다
우체국 가다가 신호를 받고
하필 어린 때를 회상하다니
잡을 수 없이 네거리로 달아난다

버리고 달아나야지 이것들
나만 손 놓으면 그뿐인 것들
매정하게 내빼려는데
붉은 등이 번쩍 나를 세우고
모든 내 것이던 생각들 다시 품에 안는다

그것이 참사랑이야

가난한 형제여 부자가 던진 껌
받은 적 있는가
씹었는가 뱉었는가
쓰던가 달던가
잘난 것 주고 수백 번 우려먹는
그들의 술자리 안주가 되지 말고
어서 뱉어라
뒤에서 군소리하며 뱉지 말고
면전에서 뱉어라
차라리 심심하거든 우리 밀 꼭꼭 씹어
밀 껌을 만들어라 쫀득쫀득
형제여 밀 껌을 만들어 던지지 말고
정성껏 주어라 부자에게
그것이 참사랑이야

젓가락 군담

둘이서 해야 온전한 하나가 되는
짝을 잃고
쓸모없는 신세 수저통에 갇혀 군담 한다
언제 잡쓰레기로 갈지 모르는 그날까지

하나가 되어야 하는 나라가
둘로 쪼개어져
우방국 우방국 하는 나라만 기댄다
삼십육 년 식민지 생활 잊었는지

비 오는 밤에 조심하자

비 오는 밤에는 고향생각을 말자
젖은 몸으로 머리맡에 웅크려
새도록 돌아가지 않으면 어디에 재우겠니
그곳 떠날 때 채 붙잡지 않았나
묻지도 말자
나그네 되어 나서는 자 하나 둘이 아닌데
뉘만 붙잡겠더냐
도로 물을 것이다
떠나지 않고 살았다면
고향이라는 이름
어찌 생겼을까 따질 것이다
비 오는 밤에는
그 이름 부르지도 말자

| 평설 |

이영자 시인의 《땅심》에 담긴 시놉시스synopsis

임신행

| 평설 |

이영자 시인의 《땅심》에 담긴 시놉시스synopsis

임신행 시인 · 아동문학가

그는
사람과 사람의 관계
자연과 사람의 관계
시와 시인의 관계가
순엄하다.

그의 시에는 묘한 자기장이 흐르고 있다.

그의 시에는 이끌림과 흡인력이 내재되어 있다. 다시 말해 그의 시에는 문학의 첫 덕목인 정직성과 서정성이 오묘한 생명력으로 시의 얼개를 짜고 있어 울림의 진폭을 깊게 한다. 그것은 시의 여운이라고 해도 좋고, 그만의 특유한 시의 맛이라고 해도 좋으리라…….

오랜 세월과 바람과 습도와 햇살을 곰삭혀야 싹을 내는 연밥 같은 은유가 시편 마다 숨어있다는 말이다.

《땅심》은 《초승달 연가》(1989년), 《개망초 꽃도 시가 될 줄은》(1991년) 《식당일기》(1994년), 《그 여자네 집》(2008년)에 이어 상재하는 다섯 권째의 시집이다.

한 시인에게서 다섯 권의 시집이 축적되어 있다는 것은 시의 특성이나 시의 감성이 시의 산과 시의 산맥을 확고하게 자리 잡고 있다는 말이다. 기왕에 나온 네 권의 시집에서도 발견할 수 있었듯이

"세상을 바라보는 다양한 시각과 은근하고 온화한 철학적 메시지와 종교적 색채가 감염되지 않은 쉽고 흥미로운 영성의 말이 자분자분 청이끼로 살아 있음을 발견할 수 있을 것이다."

이번 《땅심》에서도 무엇보다 도드라져 보이는 것은 시의 보폭이 느긋하고 자유로울 뿐 아니라 사람과 사람사이에서와 자연과 자연에서 사람과 자연과의 관계를 특이하게 시적 감흥으로 증폭시켜 낸다. 결코 날카롭게 날을 세워 말하기를 거부하고 은근하고 온유한 분석으로 지나온 삶의 곳곳을 보여 주는가 하면 미래를 향한 통찰의 기회를 나긋나긋 열어 보인다. 확실한 시인 자신의 시각을 통해 시의 공감대를 확산시켜 잔잔한 감동을 획득하고 있다. 이영자 시인의 시가 지닌 특장은 시의 정직성과 리얼리티와 특이한 말하기다. 이는 삶의 진정성이 시로 창출된 것이다. 그의 시를 읽고 있으면 결코 웅장하지 않고 그렇다고 허술하지 않는 외딴 아카시아 숲속에 자리한 성당이 얼비친다.

그는 세상을 향해 성토하지 않고 과묵한 시의 보폭으로 많은 사물들과 사람과 사람 사이에 충돌되는 감성들을 채굴하여 천천히,

천천히 스스로가 이룬 시의 곬을 걸어 왔고 걸어 갈 것이 분명하다. 그가 근자에 《마산문학》(34집)에 발표한 〈산돌림에도 아니 젖고〉

> 너무 오래 되어 못 알아볼까/ 이름표를 달고 나온 그대/ 귀밑머리 잔주름 아니면/ 이별하던 옛 모습 그대로네/ 서로 좋아 꺾어 주던 풀꽃 그대로네/ 우리 사이 밝혀 주던 불빛 그대로네/ 헤어진 반세기 동안 어찌 간수 잘하여/ 산돌림에도 아니 젖고 따뜻하구나/ 샛강 물굽이에서 황혼도 깊다 했는데/ 그대 만나는 오늘 창창한 스무 살 그 때일세
>
> —〈산돌림에도 아니 젖고〉 전부

길을 나섰다가 대책 없이 만나는 한 자락의 소나기를 통해 아련한 추억과 연민을 이끼꽃으로 생생하게 살려 낸다. 눈여겨 챙겨 보지 않으면 잘 보이지 않는 이끼 꽃, 우리의 삶에도 이끼는 끼고 작은 꽃들이 피었다 지고 피었다 지곤 한다는, 다시 부언하면 삶의 방향전환을 꿈꾸고 더러는 실행하여 뼈아픈 실패를 맛보게 된다. 그런 삶의 질곡을 애잔하면서 애잔하지 않게 삶의 견실함을 촉구한다. 산다는 것은 주저앉기와 일어서기의 반추이다. 현실에서 산돌림은 당황스러움이다. 그 당황함을 과거를 이끌어다 조근조근 그리움을 시의 이랑에 숨겨 놓기란 쉬운 일이 아님을 우리는 자탄해야 한다. 그의 시에는 크고 작은 문제들과 온갖 문제들을 숨기고 사는 다양한 인물, 군상들의 옆모습이나 뒤 자태를 날카롭

고 리얼하게 파헤쳐 충격적이지 않게 시로 상적으로 표출했다. 시의 가치관은 수치나 언어로 단정 지을 수가 없다. 행복의 수치는 어떤 경우도 타인에 의해 결정지어지지 않듯이 시 역시 읽는 이의 시각과 정서에 기대어야 한다.

> 아들 딸 가진 부모 입장에/ 다른 사람이 재는 주류일체 집 아이들이다/ 재도 재도 하는 것보다/ 국밥집 아이들이다 라는 말이 좋은 배경 같아서/ 쇠고기 국밥은 큰 글자로 문 앞에 붙이고/ 주류일체는 작은 글자로 안벽에 붙였다/ 장사 끝나면/ 주류일체 처리는 어른이 하고/ 국밥만 아이들이 비웠으니/ 내 아이들은 주류일체와 아무 관계없다고/ 둘러 댈 말까지 준비했는데/ 허, 그 틈에 숨어든 허리 병 무릎 탈/ 문 앞에 붙인 것 때문인지/ 안벽에 붙인 것 때문인지/ 보탤 말도 뭉갤 말도 찾지 못하고/ 파스 조각만 대놓고 갖다 붙인다
>
> —〈국밥과 주류일체〉 전부

익살스러운 시다. 아니다, 아니다, 페이소스다. 어쩐지 명치끝이 우리하게 아파 오게 한다. 이영자 시인의 시에서 발견 되는 것은 시의 호흡이 길다. 연을 지우지 않은 것이 이영자 시인의 특장이면서 다른 시인과 변별력을 가질 수 있을 것이다.

위와 같은 경우의 시는 읽는 이의 시적 감성에 따라 이끌림이나 감동으로 쏠림이 여러 형태로 나타날 것이다. 이것을 우리는 시적 공감성 내지 양질의 서정성이 질박하게 내재 되어 있다고 한다.

누가 말했던가. 예술은 세상의 모든 사물의 양면성을 또 다르게 살려 놓은 것이다. 시 역시 시대적 배경과 공간성에 영향을 받는다. 우리가 시 쓰기에서 경계해야 할 덕목이 사실은 설명이다. 따지고 들면 우리의 삶에서 본의 아니게 비참함에 젖다 말고 참혹해진다. 그래서 우리는 절망하고 좌절하고 비틀거린다. 그때마다 우리의 상처를 치유해준 것은 시였다. 시는 상한 마음을 위안 해주고 치유 해준다. 시대적 상황과 사람들의 어쭙잖은 눈총이 한 시인의 허리를 아프게 해 준다. 그때마다 진통에서 물러서기 위해 냄새나는 쪼가리 파스를 애꿎게 붙인다. 남의 말 하기를 즐기는 어쭙잖은 사람들을 향해 깨침의 말이기도 한 여유로움을 보여 준다 하겠다. 그는 슬픔이나 서러움을 익살로 맞대어 놓는 삶의 여유를 지닌 시인이다. 시는 의미 부여에서 시작되는 예술이라면 이영자 시인의 시편들은 단순한 것 같으면서도 단순하지 않은 상징성을 은밀히 품고 있으면서 사물과 사람의 존재론을 통해 순수성을 열어 보인다.

그 사람이 보낸 거야/ 그 남자가 분명해/ 큰 산 가까이 짐을 풀어 놓고/ 011847841×를 눌러/ 이사 통보를 할 때/ 새 곳 생활 외롭지 않게 조처하겠다더니/ 어떤 색 맘에 들까 붉은 색 노란 색/ 어떤 모양 맘에 들까 부채모양 새 모양/ 마음대로 고르라고/ 산중으로 가는 바람 편에 부탁했는지/ 우리 집 우편함 밑에 부려 놓았다/ 그 남자가 보낸 멋진 선물을/ 정 모르고 사는 이에게 보내고 싶어/ 책갈피갈피 재워야겠다/ 사람 사이 밝혀 주는 불빛은/ 정밖에 없다 하

지 않는가/

—〈초겨울에 온 선물〉 전부

'길가메시 서사시' 에 보면 세상의 모든 것을 다 알고 세상의 모든 나라를 알았고 슬기로 왔으며, 신비로운 사실을 알았으며 신들만 아는 비밀을 아는 우룩 uruk의 왕을 연상케 하는 시다. 문학! 현실에서 경험한 것을 상상력에 의지해 구축해 해 놓는 것이 시! 시의 집이다. 시는 오늘에서 미래를 열어 보이는 묘한 상징성으로 축조되어 있다.

색깔을 통해 생물의 형체를 실어 마음속에 숨기고 있는 지인에게 보내려는 순연한 마음을 실어 놓았다. 선물은 기다림이다.

〈초겨울에 온 선물〉은 소녀의 순진성을 부끄러운 듯 초강초강한 얼굴 붉히며 열어 보인다. 이 시의 공간적 배경은 시골이다. 단순한 공간이 아니라 다양성을 지닌 시골의 풍경이 걸어 나와 있다. 시인의 삶의 현장은 마냥 아늑한 시골 풍경이다. 조용한 듯 하나 조용하지 않다. 이영자 시인의 〈초겨울에 온 선물〉은 사람만이 건네주고 받을 수 있는 서로 연민하기다. 시적 형상이 덜 세련되어 있으나 곰 삭여 읽어보면 울림이 다가 오는 시라 하겠다. 울림을 주는 시는 시의 정직성과 수사를 앞세우지 않은 작품이라는 것을 우리는 익히 알고 있다.

밥이 설익었네 생선 없인 안 넘어가네/ 갸르릉 대는 고양이를 먹인다 며느리가/ 구석구석 흰털 머리털 굴러다니는 건/ 내 것 아니노라 시침 떼고 별난 깔끔/ 부리는 밉상을 씻긴다 며느리가// 쥐 사냥을 했었나 입술 붉게 들어온 날/ 피곤해 졸려죽겠어 잠꼬대 같은 잔소리/ 재운다 며느리가// 소리 없이 드나드는 것 같으나/ 발자국도 신경 쓰이는 짐승 한 마리/ 키운다 며느리가//

—〈고양이를 키우는 며느리〉 전부

언제부터인가 반려동물(개. 고양이 다람쥐 햄스터……) 등이 슬그머니 자리바꿈이 되고 말았다. 개나 고양이의 먹이를 주는 일에 사람보다 더 좋은 먹을거리를 장만해 주고 한 침실에서 자는 생활을 하게 되었다. 개나 고양이의 비위를 주인이 눈치를 보고 맞춰야 하는 안타까운 실정을 자주 본다. 귀여운 것은 귀여운 만큼 거리가 필요하고 사랑하는 것은 사랑하는 만큼의 거리를 둬야한다. 그런데 어쩌자고 침실까지 내주고 입을 서슴없이 맞추고 사람이 개가 되었고 고양이가 되고 말았다. 분뇨를 거실에나 안방에서 거침없이 본다. 털은 실내를 떠돌고 노리끼리한 냄새를 풍긴다. 상전이 따로 없고, 고양이와 개가 사람의 상전이 되고 만 서글픈 세상을 우리는 살아가고 있다. 개나 고양이는 사람의 문 밖에 있어야한다는 것이 필자의 소견이다. 시 〈고양이를 키우는 며느리〉는 며느리를 시의 화자로 하여 요즘의 세태를 해학적으로 그려 놓았다. 수채화 한 폭을 대하는 듯 눈길이 오래 가는 작품이다.

나는 칠남매 중 끝에서 두 번째/ 하늘 땅 겨우 분별할 즈음/ 흰 돌검은 돌로 오빠들은/ 바둑판 위에 게임도 하고/ 동생에겐 통일노래를 가르쳤다/ 부르다가 잊은 소절 묻고 싶은 때에/ 작은 오빠가 잡혀갔다/ 오지랖 온통 풋감 물 일색인 나는/ 빨강 물들었다고 잡혀가는 오빠가/ 곧 돌아오리라 믿었다/ 빠안한 읍내 가는 길보다/ 컴컴한 뒷산 밤나무 고목에 올라 있다가/ 어둠살 깔리면 샛별같이/ 돌아올 것이라 기다렸다/ 오지도 않는 오빠를 내 놓으라/ 관가에 끌려가 다그침 받던/ 큰오빠마저 세상 사람이 아니다/ 그날이 예순 해도 더 됐는가 쉰아홉 해 전인가/ 세어보는 아슴한 흑백모발의 계산법/ 오빠들이 아끼던 바둑돌 색 영판이라/ 슬픈 세월의 가닥을 풀기에는/ 얼레빗으로 엄두를 낼 수 없어/ 상념의 꼬리 드리운 채 미용실을 찾는다/ —어떻게 해 드릴까요—/ 묻는 아가씨 붉은 입술 색깔에/ 오빠 생각 또 덮쳐서/ 색은 살리고 파마만 하라 디밀었더니/ 흑을 살렸다 백을 죽였다/ 한참 지지고 볶은 아가씨는/ 대형 마트에도 없는 흑백라면을/ 내 머리에 씌워 놨다/

—〈흑백라면의 슬픈 연가〉 전부

시가 이토록 눈물 나게 할 수 있을까. 필자는 이 시 〈흑백라면의 슬픈 연가〉를 읽으며 울었다. 또 울었다. 이 지구촌 많은 마을 중 우리 마을처럼 참담하고 비극적인 마을이 또 있겠는가? 그 진한 혈연을 끊고 살도록 하는 이 마을을 필자는 싫어한다. 하지만 이영자 시인은 미움도 사랑도 능청스럽게 눌러 두고 자신의 큰 상처를 담담하게 내 보인다. 이 참담한 비극의 가족사는 민족의 상처요, 겨레의 슬픔이다. 우리는 오랜 세월에 걸쳐 불편한 진실과 타협하고 살아오면서 사람의 존귀함을 놓치고 오늘에 이르렀다. 〈홍

익인간〉이란 말을 너무나 잘 알면서 연약한 사람의 손을 잡아 주지 못한 위정자들도 깊이 성찰하고 책임감을 느껴야한다. 목하 우리는 언제 터질지도 모르는 전쟁에 불안과 공포를 안고 있으면서도 태연히 살아가고 있는 이중인격자로 살아가고 있다. 참으로 이상한 나라에서 이상하게 살아가고 있는 것이 오늘의 우리다.

우리에게 삶의 방식은 우주의 별 수 만큼 다양하다. 사유의 올도 다양 다층하다. 기름기 반지르르한 머리칼을 내 보이지 않고 라면과 비극의 가족사를 꾸밈없이 풀어내는 그 시적 역량에 머리를 숙인다.

일상의 파마머리를 통해 참담함을 웃돌아 비참함과 참혹이라는 미궁에 빠진 오빠 두 분을 불러내어 짧은 굿을 한다. 굿은 언어의 극치다. 두 분의 오빠를 향한 사무침을 일상의 언어로 조탁 해냈다. 이영자 시인으로서는 이 지상에서 읊는 가장 슬픈 노래의 하나라고 필자는 여겨진다. 능숙한 시 쓰기에 새삼 경탄한다. 분노의 용광로가 지금도 이영자 시인의 가슴속에 끓고 있다는 것을 확인 했다면 실언 일까!

> 우리 꽃보다 낯선 나라꽃이 많은 꽃밭을 지나/ 노인정에 가서/ 버짐 꽃 아세요 물었더니/ 그 기 무슨 꽃이더라/ 풋보리 팰 때 피는 그것이재/ 하는 분도 있고/ 늦보리 팰 때 피던데/ 하는 분도 있고/ 우리 아이들 정수리에/ 사철 내내 피던데/ 하던 분도 있는데/ 그 기 무슨 꽃이고 버섯 말이가 버섯— 하는/ 치매 걸린 분도 있는데/ 내 놔 봐라 묵자 하며/ 벌떡 일어나려 하는 중증치매 환자는/ 버짐 꽃

을 잊은 지 오래다/

—〈치매에는 버짐 꽃이 없다〉 전부

치매는 기억의 주소록을 바탕으로 한 것들을 지워 짐을 말 한다. 멀쩡했던 기억의 숲에 상실이라는 톱으로 무참히 벌목을 당한 것처럼 치매 한자는 정신의 숲의 피폐함과 황량함을 보인다. 이로 하여 가족들은 두려움에 휩싸이게 된다. 잊는다는 것은 누구에게서나 슬픈 일이다. 환자 자신으로서는 더러는 매우 편리한 삶의 도구가 되기도 한다. 가족들의 관심의 대상이 되어 필요한 것들을 쉽게 채울 수 있으니까 치매는 자의적이거나 타의적으로 일어나는 병이 아니다. 세월과 함께 잠재 되어 있던 항체가 삐딱하니 작동함으로 본인 자신과 가족에게 낯선 의식을 보여주기 때문이다. 모른다는 것은 삶의 불일치며 공간과 시간과 삶의 지향점을 바로 잡지 못해 슬픈 것이다. 한마디로 치매가 두려움을 건너 무섭고 공포 서러운 것은 자기 자신을 모르고 부끄러움을 모른다는데 있다. 목숨을 유시하는 섯이면 탄생만은 스스로 선택하지 못한다. 알츠하이머나, 파킨슨이나, 치매라는 우환이 우리와 손을 잡으면 뿌리치지 못한다.

어서 가자 어서 가자 날 저물라/ 무슨 일일까/ 황급하게 어머니는 막내를 업고/ 내 더딘 걸음 재촉하며/ 어서 가자 날 저물라/ 산모롱이 돌면 엿장수 올 거야/ 엿 사줄게 어서 가자/ 산모롱이 또 돌고 재넘이에 닿았는데/ 엿장수 영영 오지 않고/ 찔레 숲만 우거져

찔레 숲만 우거져/ 가시 속에서 꺾어 주던 쌉쏘름한 단맛/ 어머니와 같이 간 외갓집 마지막 길에/

—〈찔레 순 맛〉 전부

고향 길에는 그 맛이 알싸한 유년과 추억이 있다. 사람과 자연이 어우러져 있는 풍경화 그것은 고향을 찾아 가는 길의 뒤설레임이다. 한편의 생활동화를 보듯 아련함이 있다. 고향 길 역시 어머니가 존재하지 않으면 삭막하기 거지 없는 길이 되고 만다는 사실을 은근히 시사하고 있음을 우리는 짐작해야 한다.

부모가 실존하지 않는 고향 길은 그림 속의 길이다. 살아생전 부모에게 불손하면 깊은 후회와 자괴감에 빠진다. 사는 일에 치우쳐 우유부단한 생활을 용감하게 이탈해 자주 자주 부모가 엎디어 있는 고향 길을 자주자주 찾아 할 것을 은근히 시사하는 시가 아닐까?

며늘아기가 노동자 사무실에서/ 바닥을 쓸거나/ 한의원에서 약탕기를 부시거나/ 퇴근하여 들어서면/ 가족은 행복한 꽃자리에 앉는다/ 우는 아이 돌보는 어린이집에서/ 퇴근길에 사 온 고등어 한 마리가/ 저녁상을 또 꽃자리로 만든다/ 젊음이 있는 집은 향기 있는 꽃자리/ 이래서 예전에 어머님이 일이 늦은/ 며느리를 몹시 기다리셨구나/

—〈젊음은 인생의 꽃자리〉 전부

젊다는 것은 신선하다는 말과 이어 놓아도 잘못은 아니다. 젊음은 올곧은 소리, 인류 공동의 세계를 향해 한껏 발언을 해도 좋다. 일자리 역시 젊은이가 서 있으면 풋풋하고 든든하다. 노동을 통한 한 가족사의 단면을 목판화로 살려 놓았다. 삶은 부단하고 치열한 노동이다. 열린 의식으로 시인은 절제력을 가지고 젊음을 예찬하고 나이든 사람의 심경을 이해시키려는 마음 씀씀이가 드러나 보인다. 이 지구상 어느 나라에도 늙은이를 극진이 걱정하고 보살피는 나라는 없다. 노인 스스로가 자기 몸을 가꾸고 보살피는 길 외에는 다른 방법은 없다.

> 무거운 발길 자꾸 뒤돌아 보이네/ 허연 머리 푸석한 이삿짐 이고/ 낯선 길목 아픈 허리만큼 굽어 도네/ 뉘 불러 길 물을까/ 어느 입에 말 붙일까/ 아는 사람 하나 없고/ 돌아갈려도 너무 멀리 왔는데/ 딸아 어디를 그리 헤매느냐/ 높은 데서 들리는 아버지 목소리/ 세상에서 어쩔 수 없는 외롭고 외로운 슬픔/ 우리 주 손길 펴시어 날 이끄시네/ 지문 길 밝히며 이리 오라 이끄시네
>
> —〈황혼 이사〉 전부

문득 추사 김정희 〈세한도〉에 거머우리하게 물들어 있는 쓸쓸함이 떠오르는 시다. 시쳇말로 산다는 것은 여행길이라지만 황혼이사는 진한 서러움과 쓸쓸함이다. 시인의 정신적 좌표는 화평함과 아늑함이다. 애틋하면서도 여유로움이 있는 아지랑이 같은 시다.

손자의 영어 선생이 오면/ 숙제 안한 손자보다/ 내가 말을 더듬는다/ 우리글 우리말 할 줄 안다고/ 영어공부 등한시한 게으름 후회하며/ 앞자리의 키 큰 신자 때문에/ 제대 앞의 신부님 제대로 못 보면/ 나는 말을 더듬는다/참깨 들깨 기름 좋아하고/ 버터 마가린 싫어한 편식으로/ 키 작은 것 후회하며/ 말을 더듬는다/ 다음 세상에 태어나서는/ 이 둘을 고치고 싶다/

—〈말더듬이 되는 날〉 전부

어린이의 세계를 판독하기는 쉽지 않다. 어린이는 호기심과 탐험을 좋아하는 왕자이기 때문이다. 시인이 모국어를 홀대하면 시인으로서의 사명감을 놓는 것이다. 시인은 자기나라의 모국어로 시를 생산해야 하는 신과 같은 존재이다. 시인은 모국어로 시어와 이미지를 유기적으로 교감 직조하여 한 편의 시를 생산한다. 모국어를 해체해서는 시가 탄생할 수 없다. 영어는 삶의 수단의 하나이지 결코 우리말을 대신 할 근거가 없다. 모국어는 오랜 경험과 정서에서 우러나는 서정성을 미학적으로 그려 낸다. 이리 보든 저리 보든 있는 그대로 인정하면서 굿을 보는 것은 서로에게 유익하다. 굿은 생활이다. 우리 민족에게는 시 역시 노래요, 생활이다.

어디서 왔냐고 물어/ 연락처를 말하려는데/ 듣지도 않고 화를 내며/ 잔돌까지 싹 쓸어 가버린다/ 다시 와 무엇 하러 왔냐고 물어/ 보고 싶어서 라고/ 하려는데 웃지도 않고/ 잔돌까지 싹 쓸어 가버린다/ 그가 내 발 밑에/ 열두 번 달려들었던 것은/ 보고 싶은 것도

아니고/ 궁금한 것도 아니고/ 물을 오염시킨 죄를 꾸짖던 것을/ 잠
자리에 들고 알았다/

—〈욕지도에서 쓴 반성문〉 전부

진정한 여행은 진정한 자기 성찰에서 비롯된다면 〈욕지도에서 쓴 반성문〉은 파도와 돌과 시인을 형상화한 정감 있는 시다. 여행에는 기쁨과 슬픔이 함께 피는 화톳불 같은 것이다.

세상에서 가장 예쁜 편지지가 있냐고 물었습니다/ 생긋이 웃는
문구점 새댁/ 각종 색을 줄부채 모양 폈습니다/ 그 중에 맘에 드는
색을 골라/ 먼 곳의 시인에게 가을인사를 띄우고/ 오다가 들길에서
쑥부쟁이를 만나니/ 서러운 듯 반가운 듯 모를 눈짓이/ 다시 편지
를 보내고 싶습니다/ 남은 편지지를 찾아도 없습니다/ 끼고 사는
건망증 생각은 않고/ 손자를 의심합니다/ 만화를 그렸을까 딱지를
접었을까/ 의심하며 숨겨놓고 내가 못 찾습니다/ 그 틈에 준비한
사연 사방으로 흩어지고/움켜 쥐 쑥부쟁이 쑥스러움만 담아/ 반으
실 임이 간추리게 드립니다/

—〈쑥부쟁이 편지〉 전부

시인의 생활 풍경이 조감되어 있는 시다. 일상을 미학적으로 이끌어 올려 재미 있는 카툰 한 편을 보는 듯하다. 누구에게나 얼마간 지니고 살아야 재미가 있는 건망증과 얼마간의 의심의 가지를 뾰족이 내밀어 실소를 머금게 한다. 언어를 통한 동작 묘사도 간

단간단하게 스케치 해 그린 흥미와 정감 있는 카툰을 대 하는 듯 해 배경과 시간적 공간이 깔끔하다. 이는 시인이 품고 있는 따뜻함이요, 호젓함이기도 하다. 여유와 자연스러움이 드러나는 시로 인간적인 휴머니티가 갈등 구조를 잘 나타낸 작품이다.

밥집에서 밥 짓고 시 짓는 아낙을/ 글밭으로 불러 낸 아우였다 그는/ 천연스럽게 연인이라 이름 하는/ 엉뚱한 남자였다 그가/ 뭐라 해도 괜찮지만 우리는/ 정답고 만만한 글벗이었다/ 글벗이 천국 가며 연인도/ 아우도 데려갔기에/ 셋을 잃은 빈자리 남다르다/ 어느 날처럼/ 시장골목 바람 지고 서서 누나!/ 하는 것 같아 환청인가 했는데/ 그를 보낸 사람들의 걸음소리였다/ 시인은 세상에 나무들을 심어놓고 가며

—〈나무들은 말한다 - 고 이선관 시인 유고시집 출간 때〉 부분

인연을 통해 이어지는 관계를 오뉴월에 피는 애기똥풀꽃을 펼쳐 보이듯 소담스럽게 그린 작품이다. 부제로 밝힌 고 이선관 시인이 평소에 교우했던 정경과 유고시집 출간한 뒤 그 허전함을 토로한 작품이다.

꿈에도 상상 못한 돈벼락 맞다/ 날 새벽 현실로 현관에 들이닥친 횡재/ 다발도 아닌 포대포대 돈 포대/ 사돈은 수년을 베란다까지 금고로 채웠다/ 혹시 비리!?/ 퍼주고 손 터는 뒤에서 물을 때/ 절대! 그런 것 없다고 머리 흔드는 것을/ 봐도 눈감고 삼켜도 뒤탈 없

> 으리라/ 욕조에서 염주같이 천일염 굴려가며/ 푸른 푸른 그들의 숨을 죽인다/ 내 숨도 고르며
>
> —〈비리(배추벌레) 없는 돈벼락〉

건물이나 사람의 붕괴는 욕심에서 비롯된다. 경제에 지나치게 눈을 돌리면 어느 순간 붕괴 된다. 이 시는 뜻있는 국민들에게 가진 자들의 횡포를 낮은 목소리로 꾸짖는 작품이라 할 수 있겠다. 가진 자들의 횡포는 상처를 줄 뿐 아니라 좌절과 황폐함까지 안겨준다. 좌절은 희망의 끈을 놓게 한다.

> 집터를 다진다/ 서까래 올린다/ 힘들 때에는 제 몸에 흙 묻을까 물 묻을까/ 피해피해 다니더니/ 도배까지 마치고 현관문 닫으려는데/ 재들 보게/ 어느 틈에 들앉아 살았는가/ 뻔뻔스러워/ 주인으로서 따지려는데/ —누가 주인이고 누가 주인이고 먼저 차지하면 주인이지—/ 언제 깠는지 조무래기 오남매까지/ 합창을 해 댄다/ 종자용으로 아껴놓은 서숙이삭/ 몽땅 까먹은 노란 주둥이로
>
> —〈누가 주인이라고?-박새〉 전부

특이하게 이영자 시인은 자연과 풍광에 대해 말을 하는 경우 어느 시인 보다 그 목소리가 부드럽고 온유하다. 물론 이영자 시인이 종교적 구도의 품성이 있지만 그는 거친 언어나 시의 호흡을 보이지 않고 절실한 기도하듯 조용조용한 것이 그의 특장이기도 하다. 산청의 다리와 마을과 마을을 휘돌아 오는 산청의 정취는

시리도록 그윽한 것이다. 조용하고 그윽한 풍경 속에 결코 조용하지 않은 박새의 둥지를 두고 갈등하는 모습이 아주 천연스럽고 적막하리 만치 조용한 산자락에 집 한 채 짓고 싶은 절실함이 엿보인다. 또한 *굿이 우리 민족의 근원태임은 그 누구도 부정 할 수 없다. 이영자 시인의 시편들에서 서민의 숨소리와 가락이 행간에 은닉되어 있음을 쉽게 만날 수 있다. 집은 시인에게나 장삼이사인 우리들에게도 집은 오늘의 안식과 미래의 방황을 거두는데 필요한 것 중의 하나다. 방황은 우리를 이성을 잃게 할 뿐 아니라 서러워 좌절하게 하니까

> 산보래/ 물 보래/ 저 하늘가 좀 보래/ 떨어진 문고리 찾아/ 철물점 가는데/ 날 데려가 붙이세요/ 조르는 초승달 보래/ 달 인심 보래// 뒷 보름 나물 남새 옆에/ 이슬 눈 괭이 풀 추파 보래/ 바람 들고 흙먼지 묻은 몸/ 해 넘게 뛰놀아도/ 나 싫어 돌아앉지 않는/ 물인심 보래// 와 넘치는 인심 보래
>
> —〈산노래 물노래 - 산청〉

관조한다는 것은 말 걸기에 준비 단계이다. 이영자 시인은 우주를 통해 자신이 사는 산청을 예찬하고 있다. 낮달인 초승달 하늘 산 물 바람 사람 흙을 한껏 예찬하고는 도도하고 구비 구비 휘도는 경호 강처럼 산청 사람의 인심을 후박하게 칭찬한다. 인심을 칭찬한다.

할아버지와 아버지를 가르친 선생/ 할머니와 어머니를 가르친 선생/ 대 이은 선생을 텃밭에서 만났다/ 자매도 형제도 그 밑에서 배웠는데/ 나만 때늦게 만났다// 엄숙한 선생의 가르침/ 깊이 파면 깊이를 내주고/ 넓게 파면 이치를 깨닫게 한다/일등을 뽑지 않고 꼴찌를/ 내치지 않아 다행이다// 선생의 등을 긁어/ 춘채씨 넣으리라 이랑지어서는/ 허허 헛손질로 세상시름 함께 묻었다/ 이런 일은 호미 대신 손등으로 덮어야 쓸까/ 까막까치 물고 가다 떨군 열매 터에/ 들 찔레 서럽게 피는 것 보면/ 선생은 잘 묵혀서 푸른 잎 주시겠지 새날

—〈땅심〉 전부

표제작인 〈땅심〉은 대동여지도 목판을 해독하듯 숙독을 하고 있으면 왁자글 사람의 도란도란 사람의 소리가 묻어난다. 씨 뿌리고 거두고 인간의 역사가 보인다. 춘채는 일본말로 하루나라고 하는 봄나물의 하나다. 많고 많은 씨앗 중에 하필이면 춘채일까? 그는 누구 보다 욕심이 자고 영혼이 맑다. 여기서 천상병의 시 〈땅〉과 일별 해보면 이영자 시인의 영혼이 얼마나 맑고 그윽한가를 가늠 할 수 있다. 내밀하게 숨기고 사는 시인의 가슴 속 땅에는 누가 더 가지고 덜 가지고가 존재하지 않고 공평하고 평등하게 씨를 뿌리고 다시 거두는 진정한 인간의 참 모습이 그려져 있다.

나도 땅을 가지고 싶다./ 내가 좋아하는 민병하 선생님도/ 수원 근처에 오천 평이나 가졌는데……// 싼 땅이라도 좋으니/ 한 평이

라도 땅을 가지고 싶다./ 땅을 가졌다는 것은 얼마나 좋으랴……//
땅을 가지고 싶지만,/ 돈이 있어야 한다./ 돈을 많이 벌어야겠다//
땅을 가지고 있으면,/ 초목을 가꾸고,/꽃을 심겠다.

—〈땅〉 천상병

시에도 문체가 있다. 이영자 시인의 문체는 일상의 언어에 온기와 서정성을 살려 특성과 개성을 걷어 올린 문장과 문장으로 생득적 시의 성을 이룬다 하겠다. 이영자 시인의 시는 상처와 풍경이 함께 공유하며 이룬 초록의 성이다.

시인은 시인의 면모와 정당성을 확보해야 한다. 시인이 시적 정당성을 확보 한다는 것은 삶의 진정성으로 새로운 도전을 해야 한다는 말과 같은 맥락이다. 시인의 현실은 사회질서의 위치도 낮고, 상징적 권력도 약하다.

경남시단 아니 한국시단은 격랑의 시대를 건너오면서 자분자분 삶의 진실성과 삶의 경건함을 서사로 지극히 냉철하게 풀어내는 이영자 詩人이 존재 하고 있어 한층 아름답다는 말을 부언한다.

이영자 시인의 다섯 번째의 시집 《땅심》은 사람과 사람 사이에서 일어난 일들과 일어날 수 있는 일들을 언어로 빚은 신화 같은 이야기를 지닌 소중하고 귀한 시놉시스다. 거듭 이영자 시인의 시놉시스는 풍경 속에 사람과 사람을 초대해 자연으로 말하기다. 부언하면 화가 장욱진의 〈마을〉 〈우산〉 〈까치〉 〈마을과 아이〉 〈평상〉과 대비될 것이다.

제5시집 《땅심》은 그 어떤 편견이나 사리에 어긋남이 없이 올바른 평가를 받아 명확한 자리 매김이 되어야 하는 시집엔 틀림이 없다. 그 까닭은 우리가 사는 삶의 현장이 조금은 환상적으로 자신의 시의 숨길을 터놓아 바람의 소리, 새의 소리, 물의 소리가 감명 깊게 서려 있기 때문이다.

이런 특징이 이영자 시인의 시놉시스라 할 수 있다. 다른 시인들의 시와 얼마간 시의 짜임새가 다르다. 연을 제치고 기호를 생략하면서 세상을 향해 이영자 시인은 옹골지게 발언하고 있다. 그는 살갑고 인정이 많은 시인이요, 견실한 이 땅의 훌륭한 어머니다. 이영자 시인은 삼신할매 같은 주술력을 지닌 시의 순례자이기도하다. 지리산은 위대하다. 지리산을 거느리고 산청에 사는 이영자 시인은 한층 더 위대하다.

참고자료

—《나는 격류였다》, 고은, 서울대학교 출판문화원
—《시인세계》 제27호, 김요일 문학세계
—《길가메시서사시》, 엔 케이 샌다즈, 범우사
—네이버
—다음
—《바람난 삼신 할매》, 박용주, 인디북

임 신 행 아동문학가. 《서울신문》 신춘문에 당선. 계몽아동문학상, 2천만 원고료 제1회 황금도깨비상 대상, 경상남도문화상, 이주홍아동문학상, 방정환아동문학상, 대한민국문학상, 민족동화문학상, 제20회 불교문화상 수상. 동화집 《별을 타고 온 아이》 《난지도 하늘에 뜬 무지개》 외, 시집 《진실로 사랑하는 연인의 가슴에만 자귀나무꽃은 핀답니다》 《K니G를 위하여》 외 다수

경남시인선 135

땅 심

이영자 시집

펴낸날 | 2011년 1월 16일

지은이 | 이 영 자
펴낸이 | 오 하 룡
펴낸곳 | 도서출판 경남

주　소 | 631-430 창원시 마산합포구 서성동 66-18
연락처 | (055)245-8818~8819/223-4343(f)
홈페이지 | www.gnbook.com
블로그 | gnbook.tistory.com
이메일 | gnbook@empal.com
등　록 | 제2호(1985. 5. 6.)
편집팀 | 오태민 | 심경애 | 구도희

ISBN 978-89-7675-669-5-03810

[값 8,000원]